AF641355

Dieses Buch gehört:

WAS IST WAS Erstes LESEN

Christina Braun

Haie

TESSLOFF

Hallo!

Ich bin Henry, der Weiße Hai. Ich lebe in allen Ozeanen weltweit. Ihr Menschen wisst noch wenig über das, was im Meer so vor sich geht. Gerne nehme ich dich mit in das Leben unter Wasser. Ich erkläre dir die unglaublichen Sinne der Haie und zeige dir, wie wir jagen. Viele meiner Verwandten stelle ich dir vor. Komm und tauche mit mir in die Welt der Haie ein! Los geht's!

Inhalt

Was sind Haie?

Eine bunte Mischung

Leise, anmutig und pfeilschnell
gleiten sie durchs Wasser.
Haie lebten schon vor Jahrmillionen,
als sich noch Dinosaurier
auf der Erde tummelten.

Es gibt über 450 verschiedene Haiarten.
Manche sind so klein wie ein Bleistift,
andere riesengroß.
Auch der Körperbau der Haie ist vielfältig.
Manche sind flach, andere rund oder dick.

Ein Hai mit einer seltsamen Kopfform – der Hammerhai.

Haie besitzen meist
fünf Kiemenspalten
an jeder Seite des Kopfes.

Haie sind Fische

Eines haben alle Haie gemeinsam:
Sie zählen zu den Fischen.
Den nötigen Sauerstoff zum Atmen
filtern sie aus dem Wasser heraus.
Dafür nutzen sie ihre Kiemen.

Von außen sehen Kiemen
wie kleine Schlitze aus.
Das Wasser fließt beim Schwimmen
durch das Maul hinein
und durch die Kiemen wieder heraus.
Dabei nimmt der Hai Sauerstoff auf.
Die verbrauchte Luft
wird ans Wasser abgegeben.

Schwarzspitzen-Riffhai

Besondere Fische

Anders als die meisten Fische
sind Haie keine Knochenfische.
Sie gehören zu den Knorpelfischen.
Ihre Wirbelsäule besteht aus Knorpeln.
Sie ist daher leichter und biegsamer
als ein Skelett aus Knochen.
Deine Nasenspitze und deine Ohrmuschel
bestehen auch aus Knorpel.

Knorpelfische haben keine Gräten.
Eine dünne Schutzschicht
macht ihr Skelett stark und stabil.

Immer in Bewegung

Knochenfische haben ein besonderes Organ:
die Schwimmblase.
Sie liegt im Inneren des Körpers
und sorgt dafür, dass Fische im Wasser
nicht zu Boden sinken, sondern schweben.

Knorpelfische wie der Hai
besitzen keine Schwimmblase.
Damit Haie nicht absinken,
müssen sie sich die ganze Zeit bewegen.
Daher wirken die Haie oft sehr unruhig.

Hochseehaie schwimmen mit geöffnetem Maul.

Der Körper eines Jägers

Der Körper des Hais ist optimal an das Leben im Wasser angepasst. Zahlreiche Flossen sorgen dafür, dass er stabil im Wasser liegt. Sein stromlinienförmiger Körper macht den Hai zu einem schnellen und wendigen Schwimmer.

Schwanzflosse

Sie ist der Motor des Hais. Durch seitliches Schlagen bewegt er sich vorwärts.

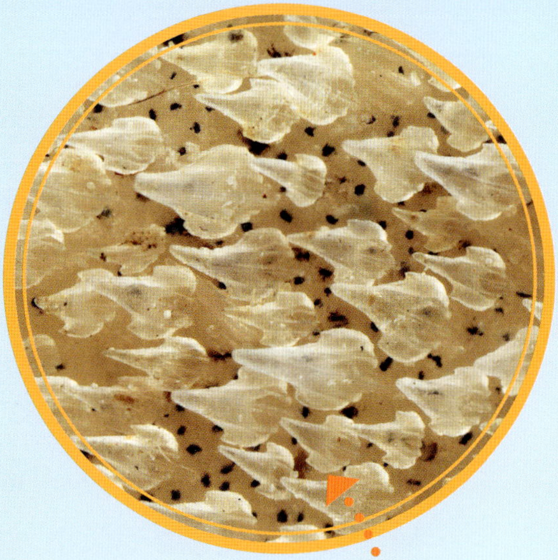

Vordere Rückenflosse

Damit schwimmt der Hai stabil durch das Wasser.

Haihaut

Der Hai hat keine Schuppen.
Seine Haut ist mit winzigen harten Hautzähnchen übersät.
Sie verringern den Wasserwiderstand beim Schwimmen.

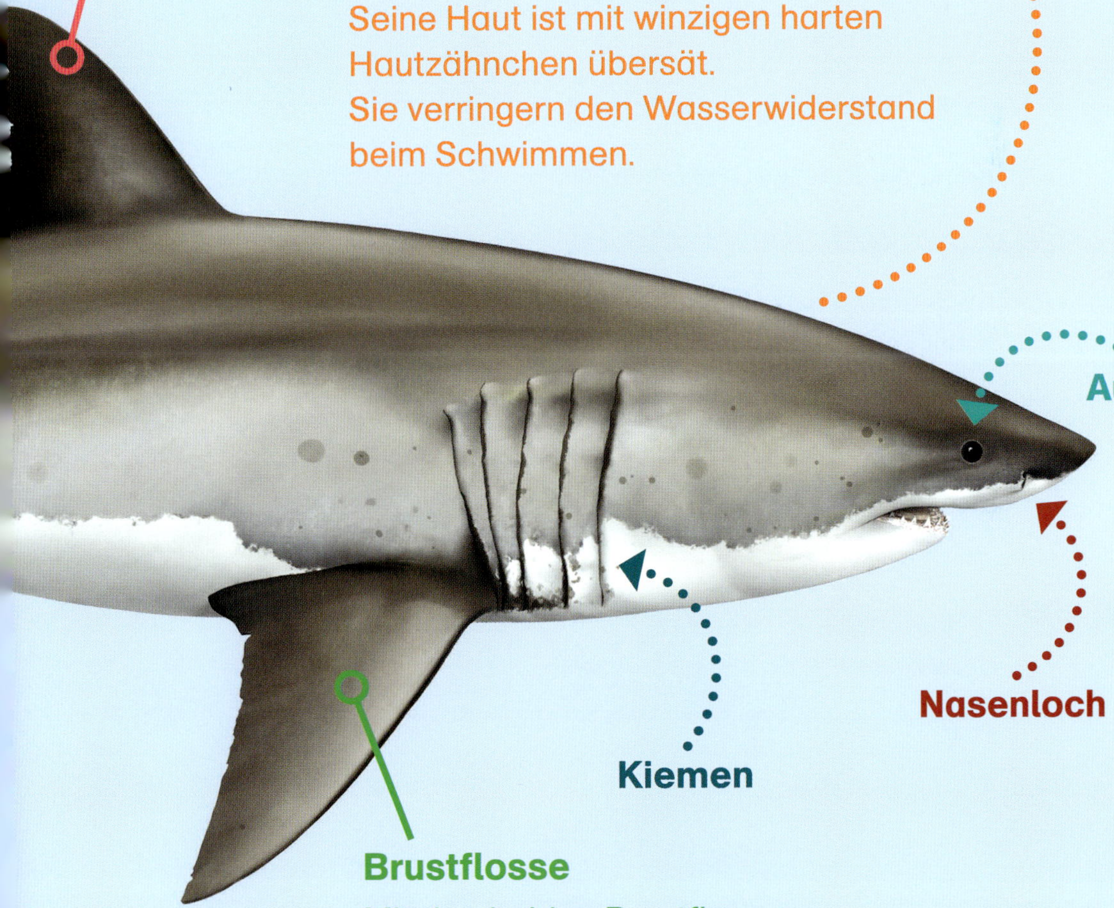

Brustflosse

Mit den beiden Brustflossen steuert der Hai.
Er kann sie querstellen und damit auf der Stelle stoppen.

Gut gegen die Kälte

Die meisten Fische sind Kaltblüter.
Das bedeutet, dass sie ihre Körperwärme
nicht selbst erzeugen können.
Sie sind so warm oder kalt
wie das Wasser, in dem sie schwimmen.
Man nennt sie auch wechselwarme Tiere.

Manche Haiarten
können ihre Körperwärme erhöhen.
Sie sind Warmblüter.
Dazu zählen der Weiße Hai, der Makohai
und der Fuchshai.

Ein mächtiger Weißer Hai springt aus dem Meer. Er schnappt sich einen Vogel als Beute.

Schnelle Schwimmer

Beim Schwimmen erzeugen die Muskeln der Haie Wärme. Diese wird an die Organe weitergegeben.

Warme Muskeln und Organe arbeiten schneller und besser als kalte. Dadurch können Haie rascher reagieren als andere Fische. So sind sie auf der Jagd nach Beute erfolgreicher.

Spitze Zähne

Je nach Lieblingsessen sehen die Zähne der Haie ganz unterschiedlich aus.

Der Weiße Hai zerschneidet mit seinen spitzen Zähnen das Fleisch seiner Beute. Daher sind die Kanten gezackt und sehr scharf.

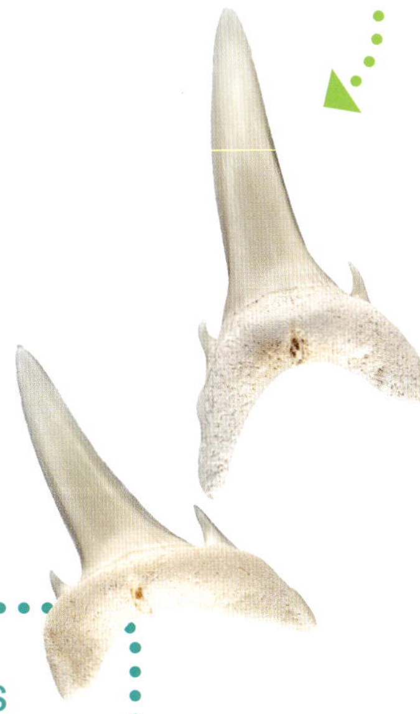

Hast du gewusst ...

... dass man das Gebiss eines Hais Revolvergebiss nennt? Der Hai hat mehrere Reihen Zähne. Fällt ein Zahn aus, wird er durch einen neuen ersetzt. So können Haie bis zu 30 000 Zähne in ihrem Leben bekommen.

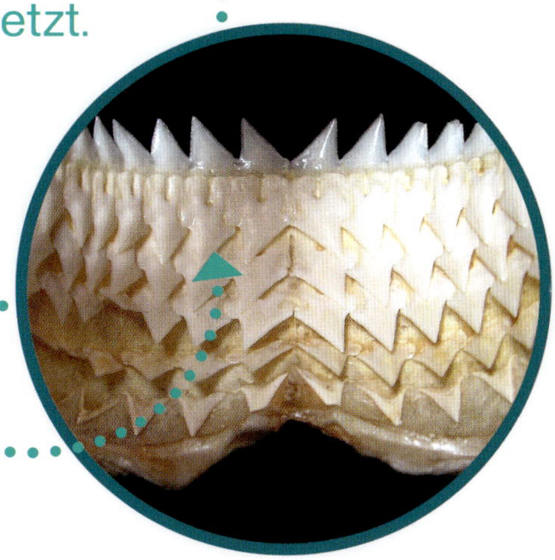

Knacken und filtern

Haie, die am Meeresboden nach Nahrung suchen, benötigen harte, breite Mahlzähne. Damit können sie Krebse oder Muscheln gut knacken.

Der Sandtigerhai hat lange, spitze Zähne, mit denen er seine Beute festhält. Er kaut nicht, sondern schluckt sie im Ganzen.

Der riesige Walhai saugt durch seine Zahnreihen große Mengen Wasser. Er frisst winzige Kleinstlebewesen, die er aus dem Wasser filtert.

Walhai

Riesenmanta

Stachelrochen

Knorpelige Verwandtschaft

Rochen gehören auch zu den Knorpelfischen.
Sie sehen ganz anders aus,
sind aber mit den Haien verwandt.
Weltweit gibt es über 630 verschiedene Arten.

Auffällig ist der platte Körper der Rochen.
Die Brustflossen
sind mit dem Kopf verwachsen.
Beim Schwimmen sieht es so aus,
als würde der Rochen mit Flügeln
im Wasser schlagen.
Manche Rochen haben
einen langen Schwanz mit Schwanzflossen.

Nicht immer harmlos

Der größte Rochen ist der Riesenmanta.
Er kann bis zu acht Meter lang
und fast 2 000 Kilogramm schwer werden.
Der harmlose Riese
ernährt sich von Plankton.

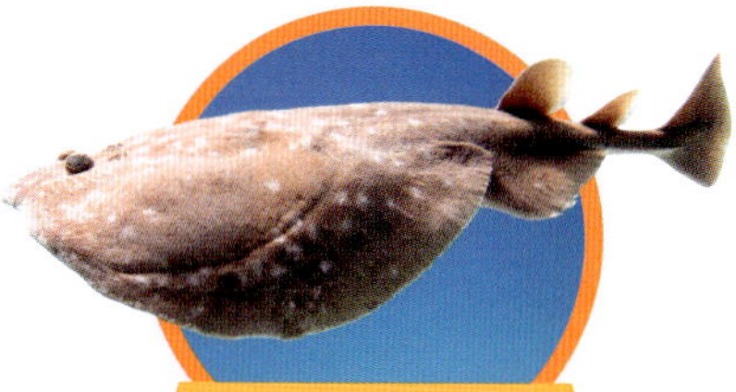

Zitterrochen

Der Zitterrochen kann seine Beute
mit einem elektrischen Schlag
von über 220 Volt Spannung betäuben.

Manche Rochen tragen in ihrem Schwanz
einen oder mehrere Giftstachel.
Mit diesen verteidigen sie sich
oder betäuben ihre Beute.

Stachel

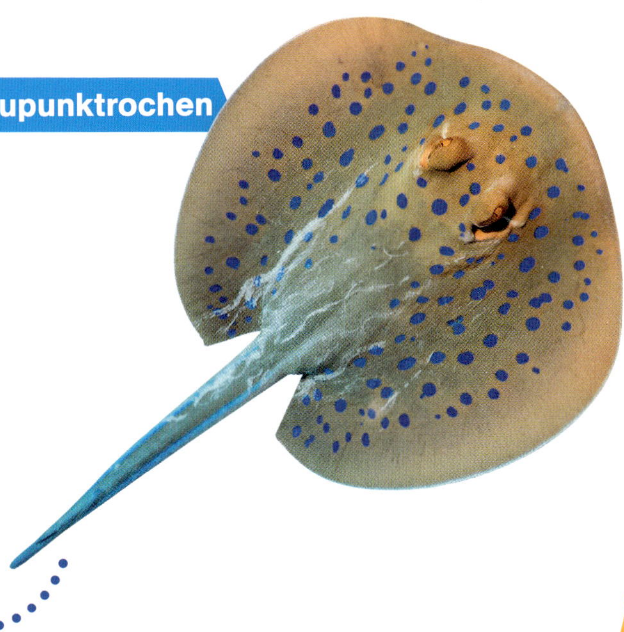

Blaupunktrochen

Tiefseebewohner

Chimären leben in kalten Gewässern
in bis zu 2000 Metern Tiefe.
Auch sie gehören zu den Knorpelfischen.
Ein anderer Name für sie
ist Seekatze oder Seedrache.

Chimären schwimmen nicht besonders gut.
Meist warten sie regungslos am Meeresboden
auf ihre Beute.
Sie ernähren sich von Muscheln, Krebsen
und kleineren Fischen.

Die gefleckte Seeratte
lebt in der Tiefsee.
Nah am Meeresboden
fühlt sie sich wohl.

Gefleckte Seeratte

Henrys Lesequiz

1 Zu welcher Gruppe gehören Haie?

a) Zu den Säugetieren.

b) Zu den Fischen.

c) Zu den Reptilien.

2 Wie nennt man das Gebiss eines Hais?

a) Gewehrgebiss

b) Schwertgebiss

c) Revolvergebiss

3 Warum müssen Haie immer in Bewegung sein?

a) Sie würden sonst sinken.

b) Sie wollen den Überblick nicht verlieren.

c) So können sie schneller ihre Beute fangen.

Lösung: 1b), 2c), 3a)

Welche Haie
gibt es?

Darf ich vorstellen?

Die Welt der Haie ist bunt und vielseitig. Hier siehst du einige große und kleine Haie mit ihren unterschiedlichen Eigenschaften.

Größe: Bis zu 7 Meter lang.
Lebensraum: Südafrika, Australien, Kalifornien.
Der Weiße Hai jagt gerne Seelöwen oder Seeelefanten. Deshalb hält er sich oft in ihrer Nähe auf. Beim Jagen ist er blitzschnell. Er schwimmt bis zu 50 Kilometer pro Stunde.

Weißer Hai

Tigerhai

Größe: Bis zu 6 Meter lang.
Lebensraum: Küsten von tropischen und warmen Meeren.
Der **Tigerhai** ist gestreift. Daher hat er seinen Namen. Wenn er älter wird, werden die Streifen blasser.

Walhai

Größe: Bis zu 14 Meter lang.
Lebensraum: Tropische und warme Meere.
Der **Walhai** ist der größte Fisch der Welt. Er ernährt sich von Krill, Quallen und Sardinen.

Kragenhai

Größe: Bis zu 2 Meter lang.
Lebensraum: Tiefsee.
Der **Kragenhai** hat einen langen Körper. Damit sieht er fast wie eine Schlange aus.

Größe: Bis zu 6 Meter lang.
Lebensraum: Küsten von tropischen und warmen Meeren.
Der **Hammerhai** hat eine breite Schnauze. Damit empfängt er elektrische Signale von anderen Lebewesen.

Großer Hammerhai

Zigarrenhai

Größe: Bis zu 50 Zentimeter lang.
Lebensraum: Tiefsee in tropischen und warmen Meeren.
Der **Zigarrenhai** hat kräftige Zähne. Damit beißt er seiner Beute kreisrunde Stücke aus dem Fleisch.

Größe: Bis zu 3 Meter lang.
Lebensraum: Australien.
Der **Teppichhai** ist flach wie ein Teppich und hat sogar Fransen an seinem Maul. Auf dem Meeresboden ist er sehr gut getarnt.

Gefleckter Teppichhai

Riesenhai

Größe: Bis zu 12 Meter lang.
Lebensraum: Atlantik und Pazifik.
Der gemütliche **Riesenhai** filtert jeden Tag etwa 500 Kilogramm Plankton aus dem Wasser.

Größe: Bis zu 3,50 Meter lang.
Lebensraum: Tiefsee im Atlantik, Pazifik und Indischen Ozean.
Der **Nasenhai** ist sehr selten. Wenn du ihn anschaust, weißt du sofort, woher er seinen Namen hat.

Nasenhai

Gemeiner Dornhai

Größe: Bis zu 1,60 Meter lang.
Lebensraum: Tropische und kalte Meere.
Der **Dornhai** hat einen Dorn an jeder Rückenflosse. Darin befinden sich Giftdrüsen. Deshalb ist der Dornhai auch für Menschen gefährlich.

Größe: Bis zu 1,50 Meter lang.
Lebensraum: Nordamerika.
Der **Engelhai** sieht fast wie ein Rochen aus. Am Meeresboden lauert er auf seine Beute.

Atlantischer Engelhai

Pygmäenhai

Größe: Bis zu 27 Zentimeter lang.
Lebensraum: Weltweit verbreitet.
Der **Pygmäenhai** lebt in der Tiefsee.
Nachts schwimmt er manchmal aus der Tiefe nach oben an die Meeresoberfläche.

Größe: Bis zu 4 Meter lang.
Lebensraum: Subtropische und warme Meere.
Der **Makohai** zählt zu den schnellsten Haien der Welt.
Winzige Schuppen auf der Haut machen ihn so rasant.

Kurzflossen-Mako

Australischer Fleckenkatzenhai

Größe: Bis zu 60 Zentimeter lang.
Lebensraum: Ostaustralien.
Der **Fleckenkatzenhai** ist über und über mit dunklen Punkten übersät.
Er lebt in der Nähe des Meeresbodens.

Größe: Bis zu 20 Zentimeter lang.
Lebensraum: Karibik, Kolumbien.
Der **Zwerg-Laternenhai** ist der kleinste aller Haie. Er wiegt etwas mehr als eine Tafel Schokolade, nämlich etwa 150 Gramm.

Größe: Bis zu 2,90 Meter lang.
Lebensraum: Weltweit verbreitet.
Der **Bronzehai** hat eine schillernde Haut. Sein Körper ist schlank und stromlinienförmig. So gleitet er blitzschnell durch das Wasser.

Größe: Bis zu 7 Meter lang.
Lebensraum: Kanada, Grönland und Norwegen.
Grönlandhaie können uralt werden. Forscher haben ein Tier entdeckt, das fast 400 Jahre alt ist. Das ist Hai-Weltrekord!

Unterschiedlich groß

Auch wenn uns Haie
meist riesig und unheimlich erscheinen,
gibt es deutliche Größenunterschiede.
Sieh dir die größten und kleinsten
Exemplare an.

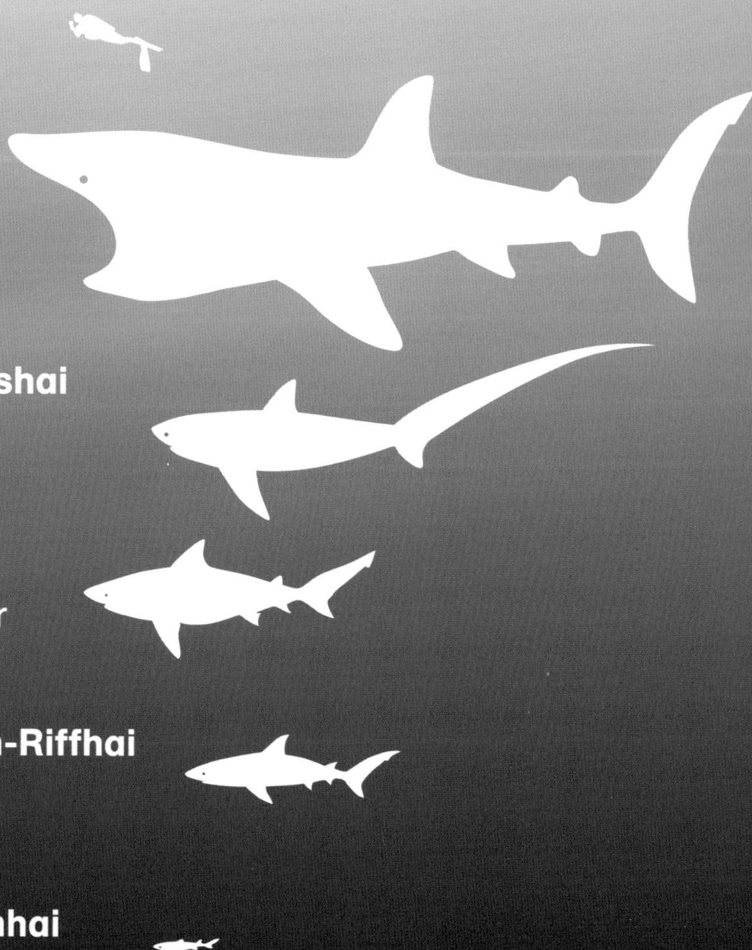

Taucher
etwa 1,80 Meter

Riesenhai
bis zu 12 Meter

Gemeiner Fuchshai
bis zu 6 Meter

Bullenhai
bis zu 3,50 Meter

Schwarzspitzen-Riffhai
bis zu 2 Meter

Zwerg-Laternenhai
bis zu 20 Zentimeter

Henrys Lesequiz

1 Welcher Hai wird am ältesten?

a) Der Bronzehai.
b) Der Grönlandhai.
c) Der Zwerg-Laternenhai.

2 Wie schwer ist der kleinste Hai der Welt?

a) So schwer wie eine Packung Mehl.
b) So schwer wie ein Würfel Hefe.
c) So schwer wie eine Tafel Schokolade.

3 Wie heißt der größte Hai der Welt?

a) Walhai
b) Riesenhai
c) Tigerhai

Lösung: 1b), 2c), 3a)

Die Supersinne der Haie

Wie alle Haie
hat der Blauhai
sehr scharfe Augen.

Perfekt ausgestattet

Haie sind perfekt
an das Leben im Wasser angepasst.
Mit ihren einzigartigen sieben Sinnen
spüren sie ihre Beute kilometerweit auf.
Sie helfen den Haien,
sich in der Tiefsee zu orientieren
und einen Partner zu finden.

Genau hingeschaut

Bei den meisten Haien
liegen die Augen seitlich am Kopf.
So kann das Tier
seine Umgebung beobachten
und sieht schnell, wenn Gefahr droht.

Alles im Blick

Die Augen eines Hais sind zehnmal
lichtempfindlicher als die eines Menschen.
So können Haie auch in der Dämmerung
sehr gut sehen.
Bei Haien, die am Boden leben,
sitzen die Augen oft oben auf dem Kopf.

Gut geschützt

Bei einem Angriff oder einem Beutezug
schützen viele Haie ihre Augen
durch eine zusätzliche Schicht.
Sie heißt Nickhaut
und schiebt sich über das Auge.
Andere Haie können ihre Augen verdrehen.

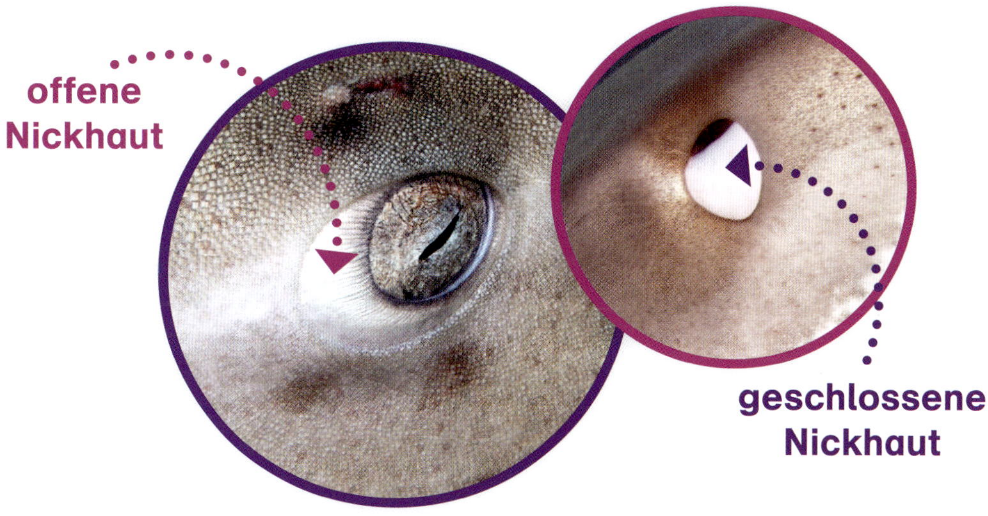

Fühlen statt sehen

Die dicke, raue Haut des Hais
ist besonders empfindlich.
Mit ihr nimmt er zum Beispiel
die Temperatur des Wassers wahr.

Ein ganz besonderes Organ liegt
unter der Haut verborgen.
Das Seitenlinienorgan zieht sich
auf beiden Seiten des Körpers
vom Kopf bis zur Schwanzspitze.
Damit nimmt der Hai
winzige Druckwellen wahr.
So kann er herausfinden,
wohin ein Fisch schwimmt,
obwohl er ihn nicht sieht.

Mit den dunklen Punkten
kann der Hai
elektrische Felder spüren.

Strom spüren

Haie haben Sinneszellen,
mit denen sie elektrische Felder
wahrnehmen können.
Sobald sich ein Tier bewegt,
schickt es elektrische Signale aus.
Diese spürt der Hai.
So weiß er, wo sich die Beute befindet.

Diese Sinneszellen liegen
in der Schnauze des Hais.
Von außen sind sie kaum zu erkennen.

Hast du gewusst ...

... dass Haie das Magnetfeld der Erde
wahrnehmen können? Sie orientieren
sich daran und wissen immer genau,
wo sie sind. Wie ein eingebauter Kompass.

Schmeckt das?

Haie fressen keineswegs alles,
was ihnen vor die Schnauze kommt.
Unbekannte Beute wird zunächst probiert.
Geschmacksknospen im Maul
und im Schlund sagen dem Hai,
ob die Beute schmeckt.

Mit den Bartfäden kann der Ammenhai tasten und schmecken.

Haie, die am Meeresboden leben,
fühlen und schmecken mit Bartfäden.
Diese liegen rund ums Maul.
Damit stöbern die Haie sogar Beute auf,
die sich im Boden eingegraben
und versteckt hat.

Fantastischer Geruchssinn

Der Geruchssinn der Haie
ist außergewöhnlich gut.
Sogar stark verdünntes Blut
können Haie riechen.
So wissen sie genau,
wo sich ihre Beute befindet.
Sogar viele Hundert Meter
entfernt.

Haie riechen mit zwei Nasengruben
an der Schnauze.

Was war das?

Haie riechen und schmecken nicht nur gut.
Sie hören auch ausgezeichnet.
Geräusche können sie auf eine Entfernung von mehreren Kilometern wahrnehmen.

Haie haben keine Ohrmuscheln wie der Mensch.
Ihre winzigen Ohröffnungen liegen direkt hinter den Augen.
Man kann sie von außen kaum sehen.

Hast du gewusst ...

... dass Geräusche im Wasser schneller übertragen werden als in der Luft?

Henrys Lesequiz

1 Was kann der Hai spüren?

a) Das Salz im Wasser.

b) Elektrischen Strom.

c) Das Blut seiner Beute.

2 Womit schützen Haie ihre Augen?

a) Mit der Deckhaut.

b) Mit der Haihaut.

c) Mit der Nickhaut.

3 Was macht der Hai, bevor er seine Beute frisst?

a) Er macht einen Probebiss.

b) Er umrundet seine Beute einmal.

c) Er schlägt mit dem Schwanz aufs Wasser.

Lösung: 1b), 2c), 3a)

Die Lebensweise der Haie

Haie leben in einer Schule

Eine Gruppe von Haien,
die gemeinsam schwimmt,
wird Schule genannt.
Die große Gruppe schützt vor Feinden.
Hammerhaie bilden tagsüber
riesige Schulen mit bis zu 1 000 Tieren.
Nachts gehen sie alleine auf Nahrungssuche.

Gemeinsam geht´s besser

Haie werden oft
als einsame Jäger bezeichnet.
Doch das stimmt nicht immer.
Der Weiße Hai geht gemeinsam
mit Artgenossen auf die Jagd.

Teamarbeit

Bronzehaie fressen sehr gerne Sardinen.
Sehen sie einen Schwarm,
treiben mehrere Haie ihn zusammen.
Sie schwimmen um die Fische herum,
bis die Sardinen eng beieinander sind.
Dann stoßen die Haie in den Schwarm hinein
und schnappen sich ihre Beute.

Fuchshai

Kluge Jäger

Manche Haie nutzen
besondere Techniken bei der Jagd.
Der Fuchshai versetzt seiner Beute
einen Schlag mit dem Schwanz,
bevor er die benommenen Fische frisst.
Der Sandtigerhai
treibt Fische ins flache Wasser.
Dort kann er sie leichter erbeuten.

Sandtigerhai

Schnell muss man sein

Große Haie wie der Weiße Hai
oder der Kurzflossen-Mako
fressen am liebsten Fische
oder andere große Meeresbewohner.
Thunfische, Robben oder Schildkröten
stehen auf ihrem Speiseplan.

Um diese Tiere zu fassen,
müssen die Jäger pfeilschnell sein.
So wie der Makohai.
Er schafft Spitzengeschwindigkeiten
von bis zu 80 Kilometern pro Stunde.

Groß und gemütlich

Riesenhai

Unter den Haien findet man
auch ganz gemächliche Tiere.
Der Walhai und der Riesenhai
sind groß und haben riesige Mäuler.
Aber sie sind harmlos.
Sie sind die einzigen Haie,
die ihre Nahrung aus dem Wasser filtern.
Beide ernähren sich von Plankton.
Das sind winzige Tierchen,
die im Wasser schweben oder treiben.
Dazu gehören zum Beispiel Krebse,
Fischeier oder Krill.

Krill besteht aus winzigen Krustentieren.

Walhai

Ammenhai

Geschickte Jäger

Nicht alle Haie können ausdauernd
oder schnell schwimmen.
Sie müssen sich etwas einfallen lassen,
um ihre Nahrung zu erbeuten.

Der Ammenhai ist träge
und liegt oft am Meeresboden.
Er frisst sehr gerne Seeigel und Krabben.
Diese verstecken sich zwischen
Felsspalten und Vorsprüngen.
Mit dem Maul saugt der Ammenhai
seine Beute aus ihrem Versteck heraus.

Lauern und tarnen

Der Engelhai gräbt sich im Meeresboden ein
und wartet auf Beute, die vorbeischwimmt.
Durch seine sandfarbene Haut
ist er kaum vom Boden zu unterscheiden.

Auch der Hornhai nutzt seine gute Tarnung.
Mit seinem Fleckenmuster
ist er auf dem steinigen Boden
fast nicht zu erkennen.

Der Fransenteppichhai
mag Fische, Krebse und Krabben.
Auch er lauert auf dem Meeresboden.

Nachwuchs bei den Haien

Haimütter kümmern sich nie um ihre Jungen.
Sobald die Kleinen auf die Welt kommen,
müssen sie für sich selbst sorgen.
Haie werden mit Zähnen geboren
und können sofort jagen.

Manche Haie legen Eier

Einige Weibchen legen Eier
an einem sicheren Ort im Wasser ab.
Dazu gehören Hornhai, Teppichhai
und Katzenhai.
Es kann bis zu einem Jahr dauern,
bis ein Hai schlüpft.
Damit dem Ei nichts passiert,
ist es zusätzlich durch eine Haut geschützt.

Das Ei wird mit Fäden an Pflanzen oder Korallen befestigt.

Kleine Haie

Die meisten Haie legen keine Eier,
sondern bringen lebende Junge zur Welt.
Sie haben sich im Körper der Mutter entwickelt.

Dieses Hai-Weibchen bekommt bald Junge.

Die Jungen vom Leopardenhai
und Weißen Hai
wachsen zunächst als Eier
im Körper der Mutter heran.
Sie schlüpfen schließlich aus der Eihülle.
Danach wachsen sie im Körper
der Mutter weiter,
bis sie lebend geboren werden.

Wo halten sich Haie auf?

Um mehr über Haie zu erfahren, werden manche Tiere mit Sendern ausgestattet. Die Daten liefern Forschern viele Informationen.

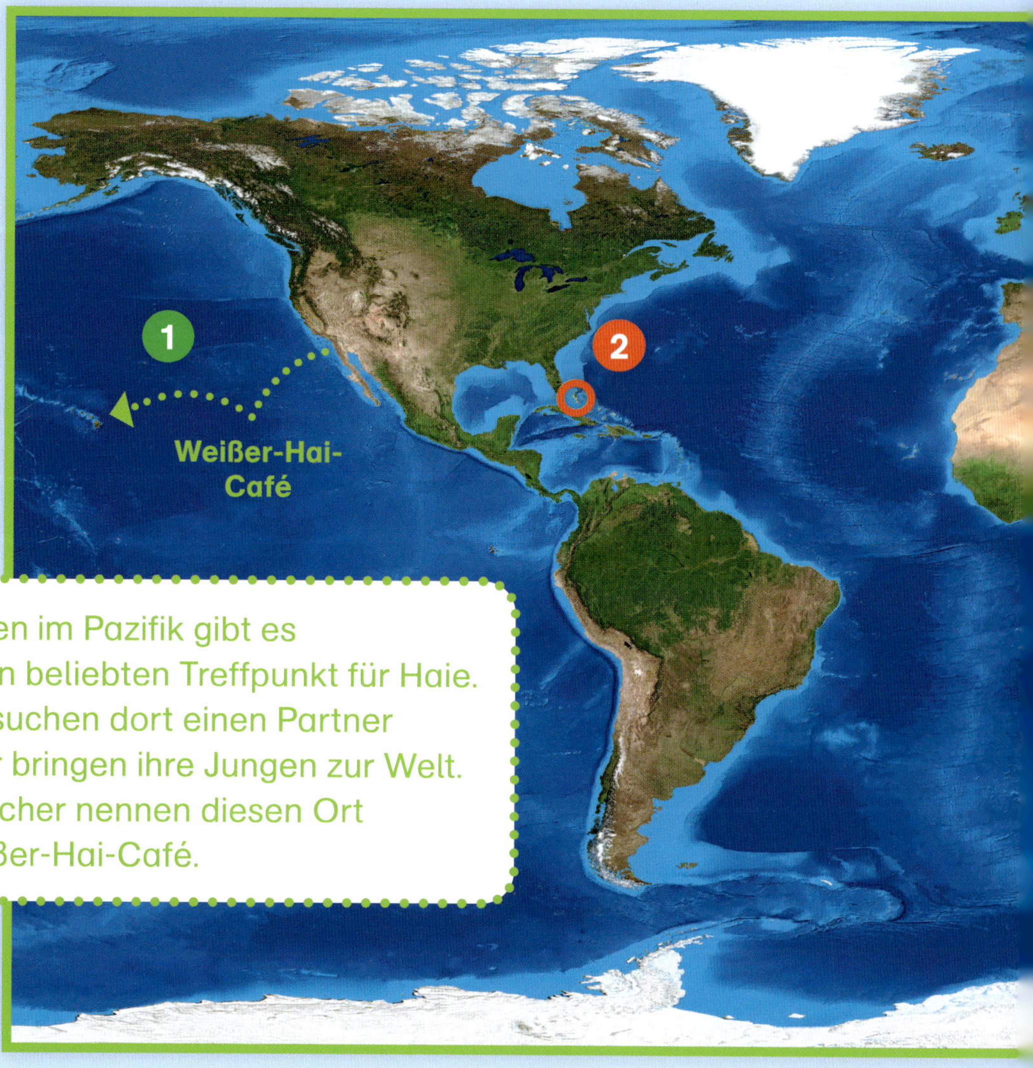

1

Mitten im Pazifik gibt es einen beliebten Treffpunkt für Haie. Sie suchen dort einen Partner oder bringen ihre Jungen zur Welt. Forscher nennen diesen Ort Weißer-Hai-Café.

2 Rund um die Bahamas leben viele Bullenhaie. Sie verbringen dort etwa neun Monate im Jahr. Die restliche Zeit ziehen sie umher.

3 Vor der Küste Mosambiks versammeln sich Walhaie. Zu bestimmten Zeiten finden die friedlichen Riesen dort viel Nahrung.

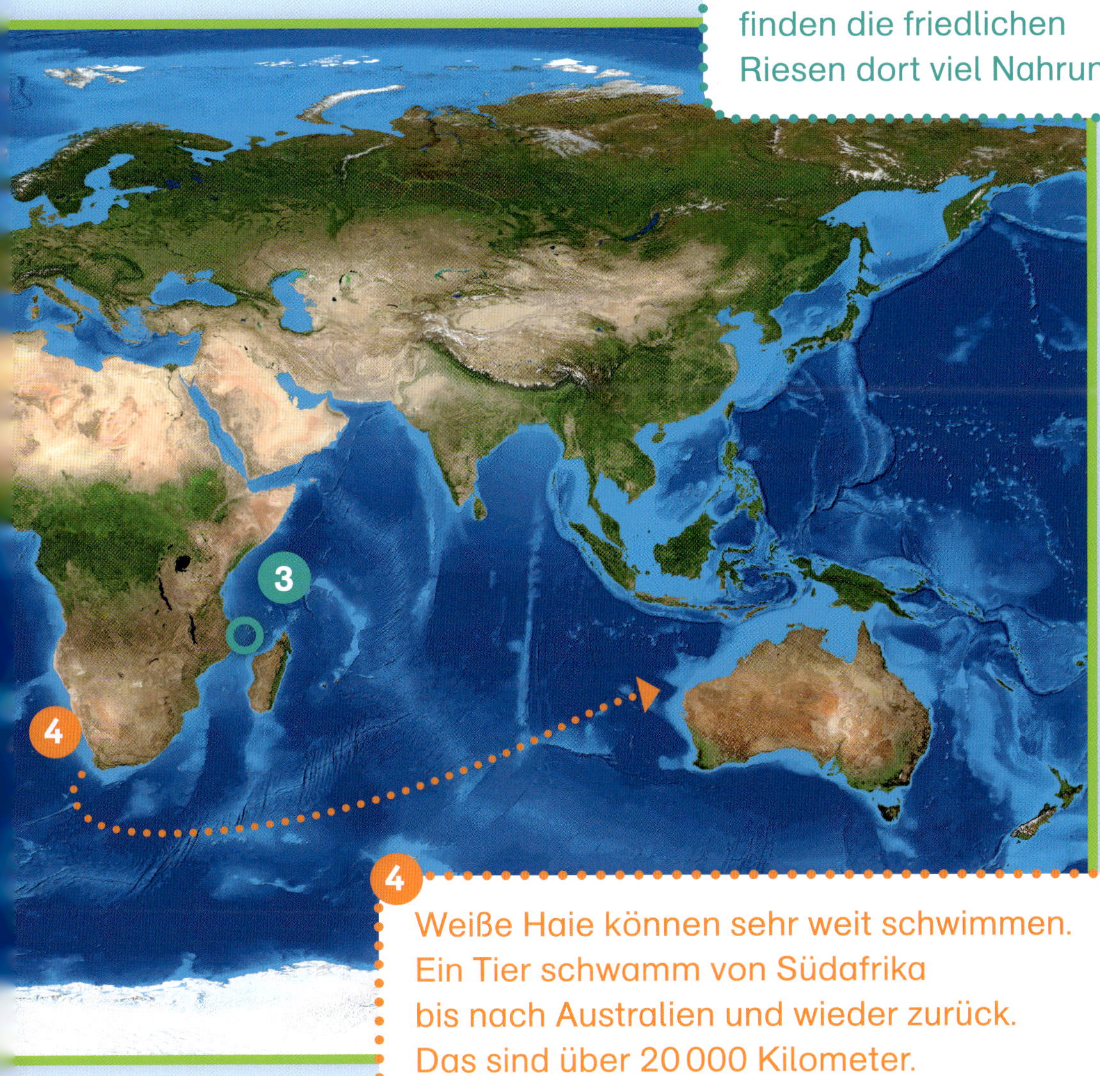

4 Weiße Haie können sehr weit schwimmen. Ein Tier schwamm von Südafrika bis nach Australien und wieder zurück. Das sind über 20 000 Kilometer.

Putzerfische

Nützliche Helfer

Manche Fische lässt der Hai
ganz nah an sich heran.
Sie putzen ihm die Zähne
und entfernen Schädlinge von der Haut.
Im Gegenzug erhalten sie Futter
und sind vor Feinden gut geschützt.
Denn wer möchte sich schon
mit einem Hai anlegen?
Man nennt solche Beziehungen,
von denen beide Seiten Vorteile haben,
Symbiose.

Putzerfische schwimmen ins Maul
und entfernen Essensreste,
die zwischen den Haizähnen stecken.
So kann im Maul nichts faulen
und die Fische haben etwas zu fressen.

Gut festhalten

Die Schiffshalter-Fische saugen sich
mit der Oberseite ihres Kopfes am Hai fest.
Sie werden von ihm transportiert
und fressen kleine Tiere von seiner Haut,
die dem Hai schaden könnten.
Solche Schädlinge nennt man Parasiten.

Pilot- oder Lotsenfische
nutzen die Bugwelle des Hais
oder schwimmen mit ihm in der Strömung.
So sparen sie Kraft und kommen richtig weit.
Auch sie ernähren sich von Parasiten.

Auch Haie leben gefährlich

Haie gelten als Herrscher der Meere.
Doch auch sie haben Feinde.
Ihr größter Feind ist der Mensch.

In vielen Ländern werden Haie gejagt,
denn ihre Flossen gelten als Delikatesse.
Oft landen Haie unbeabsichtigt
in den Netzen von Fischern.

Zebrahai

Durch die Überfischung der Meere
finden viele Haie nicht mehr genug Futter.
Auch deswegen sind viele Haiarten
vom Aussterben bedroht.

Orcas

Tierische Feinde

Außerdem haben Haie auch tierische Feinde.
Die mächtigen Schwertwale
sind geschickte Jäger.
Sie überwältigen Haie ohne Probleme.

Der Ruderfußkrebs ist zwar winzig.
Jedoch kann er dem Grönlandhai
das Leben schwer machen.
Er setzt sich an dessen Augen fest,
sodass der Hai erblindet.
Dann muss er sich
auf seine anderen Sinne verlassen.

Ruderfußkrebs

Ein ausgewogenes System

In den Ozeanen leben große, kleine und ganz winzige Tiere. Sie alle müssen Nahrung finden, um zu überleben. Die Kleinen werden von den Nächstgrößeren gefressen. Ganz oben stehen die großen Jäger. Man nennt das Nahrungskette.

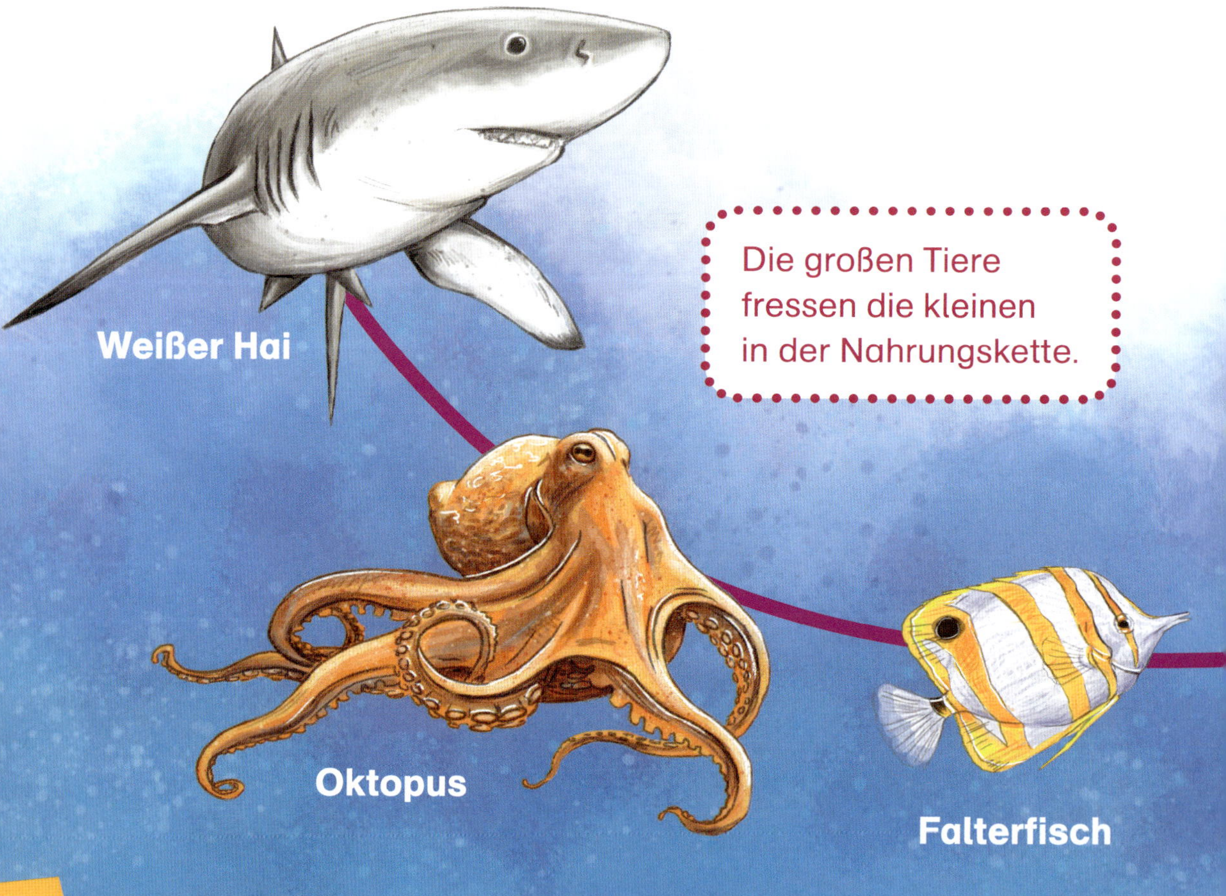

Die großen Tiere fressen die kleinen in der Nahrungskette.

Keiner darf fehlen

Die Nahrungskette
hält die Anzahl der Tiere
in den Ozeanen im Gleichgewicht.
Fehlt beispielsweise der Hai,
gerät alles durcheinander.

Er frisst nicht nur kranke oder alte Tiere,
sondern auch kleinere Fische.
So wird verhindert,
dass diese sich zu stark vermehren.

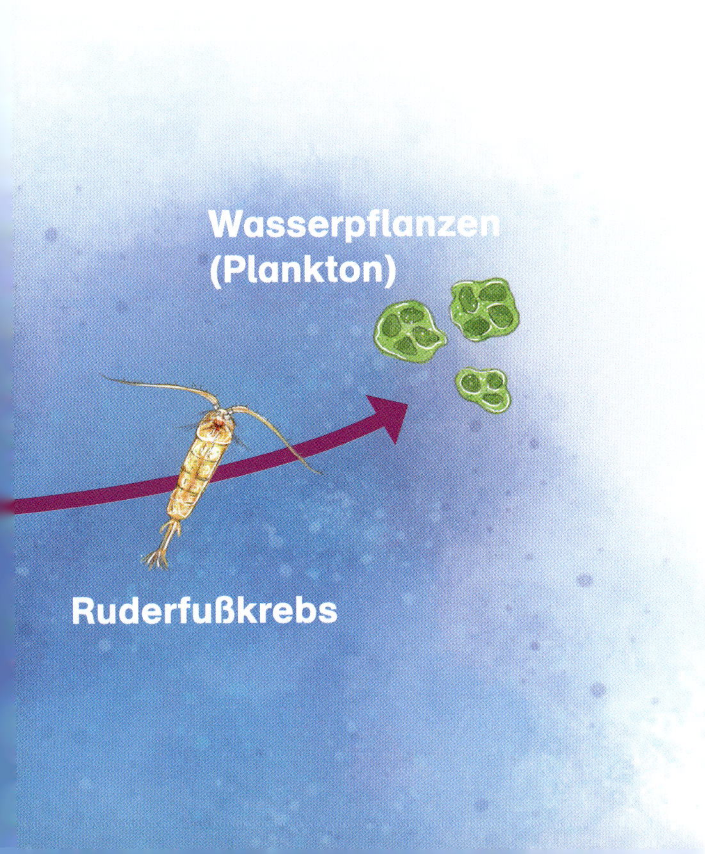

Sag mal, Henry …

… ich wusste ja gar nicht, dass du so viele Verwandte hast!

Das ist schon beeindruckend, oder? Auf meinen Reisen durch die Ozeane habe ich noch gar nicht alle kennengelernt. Manche sind so gut getarnt, dass ich wahrscheinlich einfach an ihnen vorbeigeschwommen bin.

Machst du dir eigentlich Sorgen, dass es bald keine Haie mehr geben wird?

Ich bin schon ein bisschen besorgt. Schließlich werden wir immer als gefährliche Raubfische beschrieben. Dabei sind wir für das Leben im Wasser sehr wichtig. Je mehr die Menschen über uns wissen, desto besser werden sie uns schützen.

Warum greift ihr denn Menschen an? Die schmecken euch doch gar nicht.

Das ist alles ein großes Missverständnis. Ich fresse am liebsten Robben und Schildkröten. Jetzt stell dir mal vor, wie ein Mensch auf einem Surfbrett aussieht, wenn er mit seinen Armen und Beinen im Wasser paddelt. Von tief unten im Wasser sieht das für mich wie eine schwimmende Robbe aus.

Was hast du heute noch vor?

Ich werde mich zu dem Treffpunkt aufmachen, den ihr Menschen Weißer-Hai-Café nennt. Mal sehen, ob ich ein paar Freunde treffe. Vielleicht schwimme ich dann in Richtung Afrika weiter. Ich muss los!

Danke, Henry!
Und viel Spaß mit deinen Freunden!

Henrys großes Lesequiz

1 Wie viele Hammerhaie findet man in einer sogenannten Schule?

a) Bis zu 10 Tiere.

b) Bis zu 100 Tiere.

c) Bis zu 1 000 Tiere.

2 Welche Jagdtechnik nutzen die Bronzehaie?

a) Sie tauchen ihre Beute unter.

b) Sie kreisen ihre Beute ein.

c) Sie besprühen die Beute mit einer Giftdrüse.

3 Welcher Hai betäubt seine Beute mit einem Schlag der Schwanzflosse?

a) Der Hundshai.

b) Der Hasenhai.

c) Der Fuchshai.

Lösung: 1c), 2b), 3c)

4 Wie schnell kann der Makohai schwimmen?

a) Bis zu 80 Kilometer pro Stunde.
b) Bis zu 100 Kilometer pro Stunde.
c) Bis zu 120 Kilometer pro Stunde.

5 Warum sind Haie so schnelle Jäger?

a) Sie haben gute Augen.
b) Ihre Muskeln sind warm und stark.
c) Sie ernähren sich gesund.

6 Wer gehört nicht zu den Knorpelfischen?

a) Die Chimären.
b) Die Rochen.
c) Die Wale.

Gefleckte Seeratte

Lösung: 4a), 5b), 6c)

7 **Welche Jagdtechnik wendet der Riesenhai an?**

a) Er umzingelt seine Beute.

b) Er filtert die Nahrung aus dem Wasser.

c) Er betäubt seine Beute mit der Schwanzflosse.

8 **Wie nennt man die Fische, die die Zähne eines Hais säubern?**

a) Wischfische

b) Zupffische

c) Putzerfische

9 **Wer zählt zu den Feinden des Weißen Hais?**

a) Die Robbe.

b) Der Orca.

c) Der Thunfisch.

Lösung: 7b), 8c), 9b)

10 **Der Hai hat keine Ohrmuschel. Wo liegen seine Ohren?**

a) Direkt hinter den Augen.

b) Auf der Unterseite des Kiefers.

c) Er hat gar keine Ohren.

11 **Wie viele Zähne wachsen einem Hai im Laufe seines Lebens?**

a) Bis zu 20 000.

b) Bis zu 30 000.

c) Bis zu 40 000.

12 **Wie halten sich Schiffshalter-Fische an Haien fest?**

a) Sie nutzen ihre Brustflossen zum Festhalten.

b) Sie halten sich mit der Schwanzflosse fest.

c) Sie saugen sich mit einer Platte auf der Kopfoberseite fest.

Lösung: 10a), 11b), 12c)

Bildquellennachweis

Alamy Limited: 24ol (Pally), 25or (Pally); Archiv Tessloff: 1, 2-3, 7mr, 13ur, 16l, 19o, 28-29, 34ur, 36ur, 39o, 42mr, 46or, 51or, 52ol, 57mr, 58or, 60or; Inaturalist.org: 26ul (CC BY-NC-SA 4.0: jmartincrossley); mauritius images: 11or (Steve Trewhella/Alamy); Nature Picture Library: 49mm (Doug Perrine); picture alliance: 12mr (imageBROKER/Norbert Probst), 18u (Minden Pictures/Norbert Wu), 23ml (dpa/epa Awashima Marine Park), 24mr (Minden Pictures/Fred Bavendam), 26ol (Minden Picture/Norbert Wu), 27mr (Minden Pictures/Pete Oxford), 27ul (© Oceans Image/Photoshot/Saul Gonor), 45or (© Evolve/Photosho/Charles Hood), 55ur (NHPA/photoshot/IMAGE QUEST 3-D), 61ur (Minden Pictures/Norbert Wu); Shutterstock: 4-5Hg. (Lewis Burnett), 6u (Ken Kiefer), 7o (Alessandro De Maddalena), 8o (C E Newman), 9u (MANUA DENOUEL), 10-11Hg. (Gonzalo Jara), 12ul (wildestanimal), 13or (Sergey Uryadnikov), 14or (Ernie Cooper), 14ur (Alessandro De Maddalena), 15ur (Sean Steininger), 16ol (magnusdeepbelow), 16or (Ethan Daniels), 17or (Laura Dts), 17ul (Lance Sagar), 17ur (dvlcom), 20-21Hg. (kaschibo), 22mr, 22ul (Tomas Kotouc), 23or (kaschibo), 23ur (Matt9122), 24ul (Martin Prochazkacz), 25ml (Joern_k), 25ur (LuisMiguelEstevez), 26mr (Martin Prochazkacz), 30-31Hg. (Martin Prochazkacz), 32o (Martin Prochazkacz), 33ul (stockpix4u), 33or (Matt9122), 34o (Tomas Kotouc), 35or (VisionDive), 36ml (frantisekhojdysz), 37u (Matt9122), 38u (Alexius Sutandio), 40-41Hg. (Carlos Grillo), 42o (Fiona Ayerst), 43mr (nicolasvoisin44), 43ur (Dirk van der Heide), 44ml (J nel), 44mm (Lewis Burnett), 44mr (Wirestock Creators), 45u (Fata Morgana by Andrew Marriott), 46ol (Richard Whitcombe), 47ol (Miguel Lopez Laguna), 47or (Greg Amptman), 47ur (Peter Vogt), 48ur (Pinosub), 50-51Hg. (Viacheslav Lopatin), 52or, 53ml (Alexandra Kolmakova), 53mr (OutdoorWorks), 54m (Kidd Silencer), 55o (Petr Slezak), 56-57u (udaix); Wikipedia: 27ol (Chip Clark/Smithsonian Institution)

Umschlagfotos: picture alliance: U1 (imageBROKER/Norbert Probst);
Shutterstock: U4 (Tatiana Popova)

© 2021 TESSLOFF VERLAG
Burgschmietstraße 2 – 4
90419 Nürnberg
qualitaet@tessloff.com
www.tessloff.com

Autorin: Christina Braun
Illustratorin: Marie Gerstner
Grafik: Marie Gerstner, Ruth Koch
Lektorat: Inga Klingner
Bildredaktion: Katja Filler
Druck: Livonia Print

ISBN 978-3-7886-7672-8

WAS IST WAS
Erstes LESEN
Wale und Delfine
TESSLOFF

WAS IST WAS
Erstes LESEN
Planeten
TESSLOFF

WAS IST WAS
Erstes LESEN
Vulkane
TESSLOFF

WAS IST WAS
Erstes LESEN
Natur entdecken
TESSLOFF

WAS IST WAS
Erstes LESEN
Bienen
TESSLOFF

WAS IST WAS
Erstes LESEN
Wald
TESSLOFF

WAS IST WAS
Erstes LESEN
Pferde und Ponys
TESSLOFF

WAS IST WAS
Erstes LESEN
Wetter
TESSLOFF

WAS IST WAS
Erstes LESEN
Polargebiete

WAS IST WAS
Erstes LESEN
Unsere Erde
TESSLOFF

WAS IST WAS
Erstes LESEN
Insekten
TESSLOFF

WAS IST WAS
Erstes LESEN
Ozeane
TESSLOFF

WAS IST WAS
Erstes LESEN
Dinosaurier
TESSLOFF

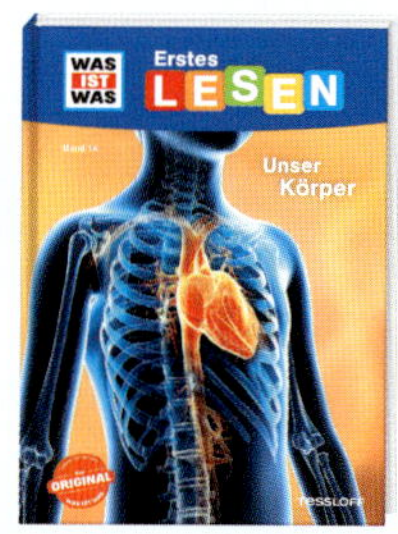
WAS IST WAS
Erstes LESEN
Unser Körper
TESSLOFF

WAS IST WAS
Erstes LESEN
Regenwald
TESSLOFF

WAS IST WAS
Erstes LESEN
Haie
TESSLOFF

WAS IST WAS
Erstes LESEN
Raubkatzen
TESSLOFF

WAS IST WAS
Erstes LESEN
Greifvögel
TESSLOFF

WAS IST WAS
Erstes LESEN
Ritter und Burgen
TESSLOFF

WAS IST WAS
Erstes LESEN
Wölfe
TESSLOFF